ADMINISTRACIÓN
para
la
VIDA

J. Ben. Avil.

BENAVIL
ESTUDIO

Una Edición de:

www.jbenavil.com

Primera edición: junio 2024

Cañete, VIII Región, Chile

Registro de propiedad intelectual

N° 2023-A-8462

ISBN: 9798854637855

Independently published

Edición Gráfica y Literaria, Ilustración de Portada, Estilo y Ortografía por

JBENAVIL ESTUDIO SpA

Impreso en Chile/Printed Chile

Índice

INTRODUCCIÓN

Administración para la vida, es un libro enfocado en dar a conocer las distintas técnicas que una persona puede realizar para alcanzar su mayor grado de eficiencia en la realización de sus proyectos.

Es importante, que sepamos administrar nuestros recursos de la manera mas optima posible, esto te ayudara a alcanzar la excelencia más rápido y a generar métodos de proceso y gestión de tu vida.

Del mismo modo, cada uno de estos métodos y técnicas, se puede aplicar al desarrollo de una empresa o corporación, para establecer en ella, una buena visión de escalabilidad.

"El mejor negocio es tú vida, los únicos recursos que debes administrar, son tú mente y tu tiempo".

J. Ben. Avil.

Capítulo 1

Hábitos para una vida de éxito.

"Son los hábitos los que realmente definen tú destino".

J. Ben. Avil.

¿Qué son los hábitos?

Son todas aquellas acciones y actividades que realizamos de forma repetitiva, que, en un período de tiempo determinado, terminando realizando por inercia.

Estos puedes ser hábitos buenos o hábitos malos y contemplan distintos aspectos de la vida.

Los hábitos malos, son todas aquellas conductas que hacen retroceder la realización y que te alejan de alcanzar un objetivo planeado. Mientras que los hábitos buenos, son todas aquellas conductas que te impulsan al desarrollo de los objetivos fijados.

Ejemplo:

Un hábito puede ser tomar desayuno a una hora determinada.

Puedes ponerte el objetivo de desayunar más saludable para cuidar tú salud y generar hábitos de vida saludable.

Si al día siguiente desayunas lo mismo de siempre, estarás generando un mal hábito para tú objetivo.

En consecuencia, si ese día, decides agregar al desayuno más frutas. Estarás generando un buen hábito para tú objetivo.

En términos generales, los hábitos con lo que contamos hoy en día, son el resultado de la enseñanza de nuestro entorno.

Buenos y malos, desde niños nos mostraron la forma en cómo se deben hacer las cosas, donde debemos ir y hasta como actuar en ciertas situaciones.

Muchos de estos hábitos terminan siendo dañinos para quien desee disponer de una mejor vida, ya que estos malos hábitos, serán obstáculos que deberán superar para conseguir la realización de cualquier objetivo.

Ya son estos mismos hábitos, que nos acondicionaron para entregar una respuesta automática ante las distintas situaciones de la vida.

Son estos hábitos los que determinan tú futuro y lo que te hacen lo que hoy eres.

La única diferencia entre la gente pobre y rica es lo que hacen a diario.

Estas actividades diarias que los hacen diferentes, no son más que hábitos que cada familia inculco en estos, y aunque generalmente, los hábitos se trasmiten por generaciones, estos se puedes aprender y desaprender a través del desarrollo de nuevos hábitos.

Y esta es la buena noticia, todos los hábitos se pueden aprender de la misma forma con la te inculcaron los hábitos de que hoy posees, a través de la práctica de estos, de forma continua hasta que se convierta en un nuevo hábito.

El primer hábito que debes adquirir para mejorar tú vida, es el hábito de administrar personalmente cada aspecto de esta.

¿Cómo desarrollar un nuevo hábito?

La mejor forma de desarrollar un hábito bueno y eliminar un hábito malo al mismo tiempo, es a través del método de la sustitución.

Sustituye un hábito malo por uno bueno.

Si tienes el hábito de salir todos los fines de semana a la discoteca, desarrolla el hábito de quedarte en casa planeando tú futuro, ya sea escribiendo las ideas para una empresa, fijándote nuevas metas, o estudiando algo relevante que deseas para tú realización en el futuro.

Existen varios estudios, que afirman, que, para crear un nuevo hábito, solo se necesitan 21 días de práctica, si puedes desarrollar una actividad por 21 días se convertirá en un hábito.

Pero no basta simplemente con querer tener nuevos hábitos, sino también, debes aprender a identificar cuales son los hábitos que necesitas.

Ya que, si por cualquier motivo, tú objetivo es ser Dj de eventos, entonces podría ser un buen hábito ir todos los fines de semana a la discoteca para ver las tendencias de sonidos actuales.

Entonces, los hábitos respondes a tus necesidades y aspiraciones.

Para desarrollar hábitos de éxito debes conocer hacia donde te diriges.

Adquiere el hábito de preguntarte siempre **¿Esto es bueno para mi futuro?** En cada cosa que hagas. Hazlo si consideras que, si lo es, y adquiere el hábito de decir que No, cuando no consideres que no lo sea.

Una vez que hayas adquirido el hábito de decidir lo que quieres para tú futuro, estarás dando los primeros pasos hacia el hábito de administrar tú vida.

Y este hábito de administrar tú vida, será el hábito que te llevará al éxito en todo lo que te propongas.

Pero al mismo tiempo, este hábito de administrar tú vida, que te llevará al éxito, requiere que adquieras una cierta cantidad de otros hábitos que en su conjunto crean el hábito de administrar tu vida.

Lo bueno es, que tus malos hábitos, los podrás sustituir con estos buenos hábitos, por lo que, si prestas atención a este libro, se te dará muy fácil comenzar una nueva vida hacia el éxito.

Antes de comenzar tú nueva vida, asegúrate de que ya aprendiste a decir que NO.

Y luego asume, que todos tenemos el peor hábito de todos.

¿Cuál es el peor hábito?

El miedo, nunca lo vas a sustituir, te acompañara toda tu vida, ya que este es el resultado de una emoción. Pero la buena noticia, es que aprenderás a usarlo a tú favor en vez de que te estanque en la nada.

Sí, el miedo es una emoción que puedes aprender a usar a tú favor y como tal, puedes aprender a neutralizarlo y convivir en total sincronicidad con él.

Todos tenemos miedo, la diferencia entre la gente de éxito y los que no, es que ellos tienen el valor de enfrentar ese miedo hasta neutralizarlo con la acción de sus hábitos.

Es el control que adquieres sobre este, el que te hace un Ser de valor. Si puedes darte cuenta, a tu alrededor, mucha gente no hace las cosas ni realizas sus sueños por miedo a que no les salga bien, por miedo al fracaso, por miedo de quedarse a la mitad del camino, en consecuencia, jamás emprenden las acciones necesarias para su realización personal, para sus sueños.

Imagina que, si Warren Buffet hubiese tenido miedo de hacer su primera inversión, ¿Crees que él tuvo miedo? Por supuesto que sí, pero antes de invertir aprendió a controlarlo.

Imagina que, si Jeff Bezos hubiese tenido miedo de lanzar Amazon, ¿Crees que él tuvo miedo? Por supuesto que sí, pero antes de decidir lanzar Amazon aprendió a controlarlo.

Imagina que sí esos grandes hombres tuvieron miedo, por que tú no lo tendrías.

Todos somos seres humanos, nos enfrentamos constantemente a grandes cambios, y por eso debemos controlar el miedo en vez de que este nos consuma.

Porque como resultado del poco control del miedo, tenemos una gran sociedad infeliz, amargadas y desconforme con sus vidas, intentando culpar a todo el mundo, menos a ellos mismos, por su propia falta de acción y control de su vida.

Deberías hacerte esta pregunta:

¿Quiero ser una persona infeliz, amargada y desconforme con mi vida?

Si tu respuesta es No, estas con el libro correcto, muchos libros te hablan de los hábitos, de cómo ser millonarios, etc.

Pero ninguno te da una pauta a seguir, una ruta, y es eso lo que precisamente entrego en este libro, una ruta a seguir, una que tú mismo crearas para ti.

Al terminar este libro, tendrás en tú manos la ruta a seguir de tú futuro.

Capítulo 2

El juego de la vida.

"La fe es la única ficha que nunca puedes perder en este juego llamado vida".

J. Ben. Avil.

¿La vida es un juego?

No, la vida no es un juego, debes ver tú vida como la cosa más importante de tú existencia y cuando le tomes la seriedad a tú tiempo, comprenderás que la vida es un juego desplegado en un campo donde debes jugar a ganador.

Puede parecer irónico, pero el llamado "juego de la vida" comienza cuando te das cuenta que la vida no es juego.

No tienes todo el tiempo del mundo, si haces algo que no debes, no reinicies el juego y ya, como en las consolas de videojuegos.

No es un campo de prueba, es un campo de acción, donde sí, te puedes equivocar, pero los errores cuestan caros cuando no aprendes de ellos y salen baratos cuando te permiten adquirir la experiencia que necesitabas para continuar; siempre ese error no dañe a nadie.

Conocí una vez un hombre, en una charla en La Penitenciaria de Santiago, estaba terminando sus estudios como parte de un beneficio carcelario, me dijo:

_ "Si tan solo hubiese sabido como jugar el juego de la vida, no lo hubiese jugado como en los videojuegos que mi padre me regalaba".

Jugaba sin ninguna responsabilidad, es decir, era un jugador corriente, solo se dejaba llevar por la trama en que se desenvolvía, sin siquiera pensar, podía tomar el control de decidir qué es lo que quería en su entorno.

Nosotros no elegimos el entorno, llegamos a esta vida sin pedirlo y vivimos según como nos acondicionan en este entorno que se nos presenta como realidad.

Pero esta realidad jamás será tu verdad real, al menos que así la aceptes.

Cuando te des cuenta que puedes elegir tu verdad, decidir cuál será tu entorno comenzaras a jugar.

Este hombre que conocí en La Penitenciaria de Santiago, había cometido un crimen obviamente, por algo estaba ahí.

Pero lo que más me impresiono, es que ni siquiera lo hizo porque realmente lo quería hacer, solo acepto la realidad del entorno y se apego a ella, al hacerlo comenzó a juntarse a con los chicos de las esquinas, de estos al uso de drogas y del uso de drogas a la necesidad del dinero, porque en este juego en que meten, nada es gratis, ni siquiera los vicios.

Yo personalmente tuve esta misma experiencia en el lugar donde vivía, pero justo en este momento de la vida, tanto este hombre como yo, elegimos caminos distintos.

Él, ante la necesidad de dinero, comenzó a robar por inercia del vicio, jamás se pregunto a si mismo **¿Por qué lo hago?** simplemente siguió aceptando el entorno en el que se desarrollaba como individuo.

Un día, en una casa el dueño se despertó, sus amigos que estaban con él, reaccionario de forma violenta y como consecuencia el también reacciono violentamente.

La inercia de las acciones sin propósito conduce al hombre al caos.

Jugaba la vida sin tener el control de esta, no es ninguna víctima, se merece todo lo que le paso, junto a sus amigos mato una persona inocente y no hay que tener compasión de estos.

Pero lo que quiero destacar, que, a sus 19 años, se le acabo el juego.

Veinte años y un día, lo conocí cuando cumplía sus 8 años de cadena efectiva y todavía no terminaba la enseñanza media.

Tenia 27 años, cuando recién se dio cuenta, que la vida no era solo un juego, sino el mas grandes de todos los juegos, aquel que no hay vuelta atrás cuando te equivocas y rompes la reglas.

Y lo peor de todo, es que aun le quedaban 12 años más de condena, o sea, saldría de allí, a sus 39 años aproximadamente, siempre y cuando mantuviera buena conducta.

Perdió su vida por una estupidez.

¿Perdió su vida por una estupidez?

¡Perdió su vida, por una estupidez!

¿Tú perderías tú vida por una estupidez?, te los has preguntado, te lo ha dicho tú madre.

_ Hijo/a no arriesgues la vida por esa estupidez.

Deberías prestar más atención a lo que haces, porque lo haces y por quién lo haces, no lo crees.

La vida es un juego muy serio, comenzar a reflexionar sobre este juego es el primer paso de la toma de control de la vida.

Allí, donde tomamos caminos distintos con este hombre, yo me hice las preguntas correctas, mismas preguntas que tú deberías hacerte si realmente quieres un cambio en la vida.

¿Es esto lo quiero para mi vida?

¿A caso, este es mi propósito en la vida?

¿Qué es lo realmente quiero en mi vida?

¿En que lugar quiero estar en veinte años?

Y es aquí, donde, al comenzar a cuestionar tú entorno de desarrollo, es cuando comienzas a tomar el control de tú vida.

Aquí es donde comienzas a tener éxito, porque este éxito no llega solamente del destino que uno imagina, si no de lo que haces cada día para hacer realidad ese destino.

Yo en ese punto comencé a cuestionarlo todo, fumé, sí. Bebi, sí. Me drogue, sí. Es parte de la vida, Robé, No, jamás fue parte de mi la idea de robar, y esa fue mi línea permanente hasta el día de hoy.

Y cuando necesitaba dinero para los vicios, y no tenia, cuando la necesidad de drogarme imperaba en mí y me provocaba una ansiedad que me comía la piel y rasgaba mi cerebro. Me pregunte, si quería eso para mí, y mi respuesta fue No, porque estaba dispuesto a pasar por esa ansiedad dos veces en mi vida.

Desde ese punto, yo tome el control de mi vida, esto cuando tenía 19 años.

Y cuando tomas el control, te das cuenta que el juego recién comienza, que ahora depende de ti, las estrategias y procedimientos o jugadas que empleas para desarrollarte en ese entorno que decidiste jugar para alcázar tus sueños.

Aquí tienes dos caminos, o te quedas en los resentimientos sociales comunes, o sigues tú propio camino.

Y es que te das cuenta de muchas cosas, primero, si estabas en un entorno donde tus amigos beben y fumas y consumen drogas seguramente te vas quedar sin ellos, es un hecho y es lo mejor.

Entre menos gente arrastres en el camino, más rápido avanzas.

Uno tiene la tendencia de sociabilizarse, agruparse o identificarse con un sector determinado para sentirse parte de un común.

Mi consejo es que te identifiques con los mejores y que te dirijas hacia ellos, ya sea que tardes veinte años o más.

El éxito es personal y la vida, aunque la vivamos como un colectivo, finalmente también termina siendo personal.

Y segundo, ya un poco mas solo, evidentemente, comienzas también a conocerte a ti mismo.

A partir de ahí, elijes tú camino.

Si te quedas en el resentimiento social, de que por que vienes de aquí o de allá, y que los políticos son aquí, que no hay oportunidades, etc. Te perderás en otra sección del juego que de la misma manera que la anterior, se vive sin control.

Desde los tiempos de los Romanos, que los políticos vienen haciendo promesas, desde esa fecha, los adinerados de la sociedad, en vez de pedir oportunidades la vienen construyéndolas ellos mismos y en pleno siglo de la era, de la tecnología, no importa donde vengas, solo te conectas y ya estas al otro lado del mundo en una reunión en vivo con alguien que ni siquiera conoces en personas o solo la conociste y agregaste por las redes sociales.

Y si te das cuenta, la misma gente que solo vive quejándose, es la misma que si hiciera algo, seguramente lo cambiaria, pero no lo hacen.

¿Y que hace?

Nada, porque no juegan, en cambio ven su entorno y para mejorarlo, ponen el control en manos de otros jugadores para ellos les solucione los problemas en el entorno de desarrollo.

Estos jugadores, se les llaman comúnmente, políticos o servidores públicos, usan ese mismo control para enriquecerse ellos mismos porque los políticos juegan su juego a través de la esperanza de cambiar el juego de los demás.

No le des el control a nadie de tu juego, esa es la primera regla del juego.

Quien controla el juego termina teniendo la mejor mano, y es qui donde tomas tú verdadero camino.

El camino que apunta a tomar este libro, el jugador que quiere el control del juego, pero aun no sabe como tomarlo.

Por eso estas pautas que he escrito para ti, son importante aprenderlas, te acompañaran toda la vida y las puedes aplicar en cualquier área que desees emprender dentro de este juego llamado vida.

Lo primero, es saber a dónde estás ahora mismo. En realidad, no importa mucho en cuanto al resultado del juego, sino, mas bien, de que punto partes a jugar el juego y así sabrás cuanto tiempo de juego te queda.

Para que, a través de esta comprensión del tiempo, puedas desarrollar tus estrategias y definir tus objetivos y visión.

Le llamo el cuadrante de la vida.

El cuadrante de la vida.

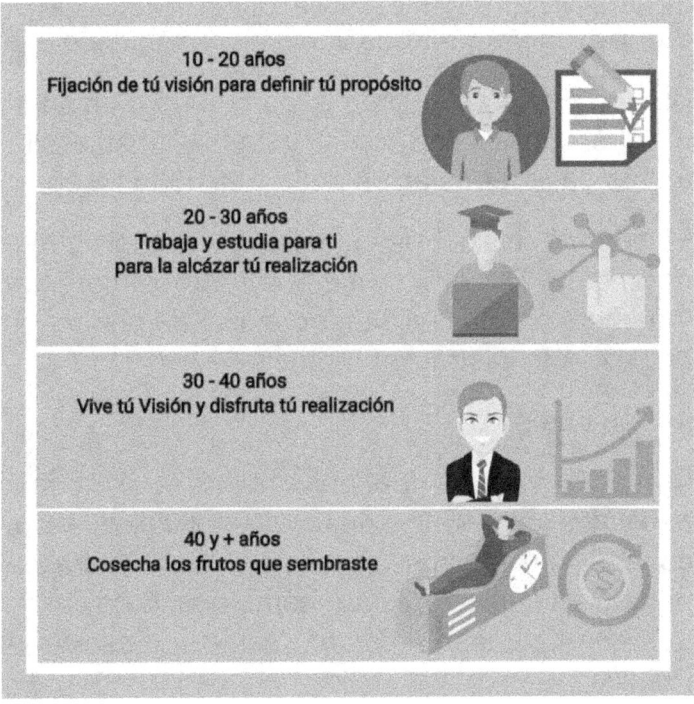

10 - 20 años
Fijación de tú visión para definir tú propósito

20 - 30 años
Trabaja y estudia para ti
para la alcázar tú realización

30 - 40 años
Vive tú Visión y disfruta tú realización

40 y + años
Cosecha los frutos que sembraste

Yo comencé a jugar en segundo cuadrante, cuando tenia 20 años, ahora voy en el tercer cuadrante a mis 32 años.

Y quizás te preguntaras que he logra en doce años.

Bueno, visión esta fijada a los 50 años, mas tarde de diré que es una visión y como llegar a ella a través de la formulación de la ruta de tu juego.

Mi primera misión fue estudiar una carrera que me permítase distribuir mi tiempo y al mismo tiempo me diera sostenibilidad económica, por lo cual estudié Administración Pública

Misión cumplida.

Mi según misión, fue desarrollara una serie de habilidad que me dieran estabilidad laboral continua en distintas áreas, así como para caer parado en cualquier lugar, como plan B en caso de que no pudiese ejercer como Administrador Público.

Realice cursos de manejo y control de RRHH, Control de Plagas Urbanas y Rurales, Mecánica Automotriz, Electricidad Domiciliaria y Programación.

Misión cumplida.

Mi tercera misión fue cumplir mi sueño de escribir un libro, siempre me ha encantado escribir, poesía, novelas y cursos, en el año 2018 publiqué mi primera novela que se convertido en una trilogía, el año 2019 mi segunda trilogía, ambas eran novelas negras de narrativa fantástica, las cuales vendí para pagar deudas adquiridas en el juego

Misión cumplida y cero deudas.

Actualmente tengo varias misiones que debo tomar para desarrollar mi juego, lo que quiero que sepas, es que no he llegado al final del juego, y como tal, cualquier cosa puede pasar, ya este no es un cuento de hadas, en juego duro y crudo que debes aprender a jugar.

Empezar temprano, no garantiza tú éxito, te puedes y me puedo equivocar en cada cuadrante de la vida.

Hay muchos hombres que comienzan con gran riqueza, pero al final terminan quebrados, y viceversa, hay quienes comienzan tarde y sin nada y terminan su juego con grandes riquezas. Por eso te decía que no importa mucho donde empieces, sino que sepas donde estas, para así, establecer los tiempos de tus jugadas.

Para esto, yo use la Administración Pública y la adapte a la vida, y así fue que nace el programa

Administración para la vida que yo he usado hasta entonces, hoy me atrevo a traspasarte este plan que yo mismo cree para mí, porque a través del tiempo, me he dado cuenta que ha dado resultado, del mismo modo, como escritor, me he dado cuentas, que muchas personas que buscan y quieren comenzar una nueva vida, no saben cómo ni por dónde comenzarla.

Estas en la misma situación que yo estuve a mis 20 años, bien aquí te dejo lo que yo hice y hasta hoy me ha funcionado.

Lo bueno que esto lo puedes adaptar a cualquier plan que tengas, así que debes tener una hoja para mas a delante escribir tu ruta de vida.

Pero antes, dos cosas muy importantes

Juega a ganador.

Si no vas a dar todo en el juego, mejor no juegues.

Suena pesimista, pero en realidad es una frase optimista, no comiences algo si no lo vas a terminar, debes ser optimista de ti mismo, la primera persona que debes creer en ti, eres tu mismo, porque en el juego enfrentaras muchas cosas y frustraciones que te harán querer dejar de juagar.

Por eso, aprende a jugar solo, si ya estas acompañado en pareja, juega con tú paraje, hazla parte del juego y compartan la visión del juego, ya que, si no lo hacen, en algún momento o tendrán que separarse para seguir caminos opuestos, o ninguno termina el juego.

Durante el juego conocerás a otros jugadores, los cuales podrás hacer equipo y que seguramente compartirán tu visión.

Grandes cosas se hacen en equipo, por eso también acepta el juego en equipo

La fe, es tu protección contra el mundo.

En este juego llamado vida, te presente siempre esto que te voy a decir, puedes perderlo todo de la noche a la mañana, puedes perder a tu pareja y todas las fichas del juego, puedes romper con todas tus alianzas estratégicas y, aun así, el juego no acaba, y puedes recuperarlo todo he incluso más.

El juego acaba cuando pierdes la fe en ti.

Solo Dios sabrá lo pasaras para llegar a donde estas, solo Dios creerá en ti hasta el ultimo aliento, siempre cuando mantengas tu fe en ti.

No hablo de Dios como religión, hablo de Dios como símbolo de tú propia fuerza interior.

Todo lo que pase en el mundo exterior, puede ser resuelto desde el interior, porque nos son las situaciones las que te hacen, sino lo que haces tú con las situaciones que se te presentan lo que te forja como Ser.

Capítulo 3

La regla de 3 tiempos.

"Has lo que tengas que hacer, en los siguientes tres tiempos después, en que tú propia mente te lo recuerde, o será esta misma, quien te distraiga, hasta el eterno mañana".

J. Ben. Avil.

Antes de comenzar a entablar tu ruta, primero debes aprender la única técnica que te impulsara, tanto a realizar la propia ruta de tu vida, como para todo aquello que te propongas desde este punto.

J. Ben. Avil.] 33

Esta regla se basa en la faculta del ser de crear una reacción en cadena, a partir de un simple hecho, que es comenzar una tarea.

Como todos sabemos, roma no se construyó en un solo día, pero cada día, alguien trabajaba en su construcción hasta convertirse en lo que conocemos como uno de los imperios más prosperó del antiguo continente.

Y es justamente así, cómo funciona la regla. No es nada del otro mundo y la regla fundamental dice:

"Has lo que tengas que hacer, en los siguientes tres tiempos después, en que tú propia mente te lo recuerde, o será esta misma, quien te distraiga, hasta el eterno mañana".

Que quiere decir este regala de tres tiempos, no dice en una primera instancia, la primera verdad absoluta, del porque poca gente no cumple sus sueños.

Muchos no hacen lo que tienen que hacer y así se les pasa el día, la hora, el mañana y el día siguiente comienza todo otra, encerrándose a sí misma, en un bucle infinito, prisioneras del eterno mañana.

Naturalmente la vida se les pasa buscando el mañana, bajo la excusa diaria del **"Mañana lo hago"**.

La sabiduría imperante de los intelectuales de épocas pasadas, han dejado registro en la memoria colectiva la practica de esta regla, bajo la consigna:

"No dejes para mañana, lo que puedes hacer hoy".

Esta frase, se le atribuye a Benjamin Franklin y es una declaración a ser diligente en el día día, realizando las actividades necesarias para aumentar tu productividad.

Y es justamente lo que tienes que hacer.

La menta juega un papel importante en el juego de la vida, pues es esta la predetermina tú futuro a través de las decisiones que tomas según tu propia percepción de la realidad o el entorno en el que desarrollas tu juego.

Por eso debes entrenarla, para que te permita percibirte como lo que quieres ser y no por lo que hoy eres.

La esencia de esta técnica muestra una segunda instancia, y es precisamente el papel que cumple tú mente.

Cada vez que se esta que te pase por la memoria lo que tienes que hacer, cuenta hasta 3 tiempos, 1, 2, 3 he inmediatamente hazlo.

Repítelo tantas veces, para convencer a tú mente que ya no necesitas contar para hacer lo que tengas que hacer para ser lo que quieras ser.

Cuando dejes de contar y comiences a realizar las actividades que necesitas hacer por la inercia del hábito de la realización, estarás recién siendo quien quieres ser y tú mente te percibirá por lo que eres.

Un ser predeterminado a la acción de la realización, entonces nunca más, tu mente pondrá en duda si hacer o no hacer y simplemente te empujara a la acción sin excusas.

Cuando llegues a este punto, podrás dar por dominada esta técnica y con el tiempo la olvidaras, ya que será parte de ti, por el resto de tú vida.

Justamente ahora, millones de personas no cumplen sus sueños por no implementar esta técnica, jugar el juego de la vida sin esta regla, es jugar a perdedor.

¿Por qué 3 tiempos?

Cada vez que menciono esta regla siempre me preguntan esto, y la verdad es que no necesariamente tienes que ser 3 tiempos, yo comencé así y luego evolucioné hasta llegar a la regla del ahora, que es la misma regla, pero sin contar, técnicamente es la dominación total de la técnica.

Pero yo la deje así tal cual como yo empecé, y es que, en un segundo, mi mente se acordaba de lo que debía hacer, en otro segundo, pensaba en como lo iba hacer, y en el tercer segundo entraba en acción.

Luego fue evolucionando según mi propia observación de la regla, así que esta se ajustara a tus propias necesidades del mismo que se ajustó a las mías.

Después, cuando planificaba un objetivo, mi mente me decía como debía hacerlo, que iba a necesitar, etc. Por lo que cuando mi mente me acordaba de mis deberes al mismo segundo me decía lo que debía hacer y como hacerlo y lo que necesitaba.

Hasta que finalmente, se volvió parte de mí, y cada vez que me acordaba lo que debía hacer, esta idea llegaba a mí en un segundo con todo el conjunto de deberes, soluciones y requerimientos al mismo tiempo y solo debía ejecutar la acción.

Después de años, la aplicación de esta técnica, me impide no hacer lo que tengo que hacer. Curiosamente es mi propia mente quien ahora me incomodo hasta que haga lo que tenga que hacer.

Pero lo más importante de esta regla, es no permitirte pasar el cuarto tiempo, porque este cuarto tiempo, es el tiempo de la duda, el que te dice: **"Igual o puedo después"** y esa duda es la semilla del **"Mañana lo hago"**.

Y esa es la reacción en cadena que se produce en tú mente, de cualquier manera, habrá una, la diferencia es que tú tienes el poder de elegir cual va a ocurrir.

Tú mente cultiva lo que siembres, tú trabajas ahora, es sembrar en ella la semilla correcta.

Al plantar esta técnica de tres tiempos en tú mente, te estarás dando a ti mismo la ventaja de jugar a ganador.

Esta será el punto de partida de la realización que planearas como ruta de vida, ya que, a través de ella, podrás ejecutar las acciones que necesitar para desarrollar tus mentas y tus objetivos hacia tú visión de vida que se volverá tú realidad.

Capítulo 4

Una visión para la vida.

"Es mejor dar un pequeño paso hacia tú destino, que dar mil pasos al aire sin saber a dónde vas".

J. Ben. Avil.

¿Qué es una visión y por qué es importante desarrollarla en cada aspecto de la vida?

Una visión es la capacidad de todo Ser, de visualizarse mas allá, del propio tiempo y espacio en el que se desenvuelve.

Es decir, una declaración mental de su propio futuro en su presente.

Desarrollarla en cada aspecto de nuestras vidas, nos muestra la guía fundamental a seguir; del mismo modo que una empresa crea una visión corporativa de si misma para marcar la dirección de sus objetivos.

De hecho, la primera vez que oí hablar del concepto de visión, fue justamente a través del concepto de visión corporativa mientras estudiaba Administración Pública en CFT Lota Arauco. Mi profesora a cargo de la carrera, la Señorita Paula Argelia Quiñones Constanzo, comentaba para ese entonces, la importancia de una visión corporativa en cualquier actividad que se emprenda, como un pilar fundamental con el que se posicionan todas las empresas e instituciones tanto públicas como privadas. Pues seria esta visión corporativa la que les permitiría definir el camino a seguir para alcanzar las metas propuestas.

Estas tenias a su vez, requisitos de formulación para si mismas, y deben responderse a través a las siguientes preguntas.

¿Qué se desea lograr?

¿Hacía donde me quiero dirigir?

¿Dónde queremos estar en el futuro?

Mas tarde, en la implementación de mi programa "Administración para la Vida", que, para entonces, solo era un programa para uso personal.

Use los mismos conceptos corporativos, transmutados al yo, dejando en primera persona el verbo subyacente de las preguntas, declarando mi visión, a través de las siguientes preguntas:

¿Qué deseo lograr?

¿Hacia donde quiero dirigir mi vida?

¿Dónde quiero estar en mi futuro?

Así, nació mi visión de vida, y fue la manera mas acertada de ver mi propio futuro, después de eso, solo tenía que llegar a donde me lo había propuesto.

Fueron naciendo de esta idea, un montón de requerimientos y, por lo tanto, decide, del mismo modo, trasmutar los concetos de Administración Pública que aprendí para el desarrollo de mi mismo, y así, es como debes comenzar a verte desde este punto.

Como una empresa que debe ser administrada para alcanzar su visión corporativa.

Por lo que debes saber también, que una vez que aprendas todos estos conceptos, no solo tendrás la capacidad de administrar permanentemente tú propia vida, sino también, podrás levantar en cualquier momento tú propia empresa, si aplicas los conceptos a la inversa de la trasmutación que yo realice para desarrollo personal.

Así que te invito a tomar papel y lápiz y comienza a responderte las preguntas para que puedas desarrollar tú visión, recuerda que no hemos hablado de años para este concepto, por lo que solo visualízalo a largo plazo y establécela como la máxima visión de tú vida, la cubre de tú propio éxito y total realización como Ser.

Capítulo 5

Requerimiento y presupuesto.

"No hay nada que la mente no pueda concebir, por eso debes ser selectivo con tus pensamientos".

J. Ben. Avil.

Todo se aprende

A lo largo de toda mi vida, he escuchado a la gente decir:

"Es que no sé".

Entonces inmediatamente comprendo, que esa persona esta donde está, por causa de su propia falta de motivación.

No puede ser posible que plena era de la información, alguien diga algo como no sé, como respuesta a cualquier cosa.

No lo tenemos que saber todo, pero lo que debemos saber, es como encontrar las respuestas a nuestras preguntas.

Tienes la suerte, de crecer en la era de información, solo googleas lo que necesitas y ya.

Hoy, tú que buscas una nueva vida, debes obligatoriamente olvidar el concepto del **"No sé"** y comenzar a reemplazarlo por **"Aún no tengo esa respuesta, pero tengo el medio".**

¿Y cuáles son esos medios?

Son todas aquellas tecnologías de la información que están en el entorno en que te desarrollas.

Cualquiera puede adquirir una habilidad a través de internet, el problema, que a medida que crece la información disponible para el Ser, también lo hace la desinformación a igual grado, incluso en algunos países, a mayor grado que la propia información.

Estas simplemente son información, lo único que la diferencia una de la otra, es si te sirven o no.

Ejemplo:

Si tú visión es querer Ser un gran Médico, no te servirá de nada la información disponible de la biodiversidad de las Amazonas.

Parte de conformar tú visión de vida, es el hecho que te da una guía a seguir, la cual será a su vez, un filtro para la información que necesitas para ti.

Ahora, puede que seas un Médico consciente respecto a la situación en las Amazonas, entonces seguramente querrás donar parte de tú suelo a alguna causa para salvar la biodiversidad, entonces, esta información, si es relevante para ti.

El punto es, quien decide que informaciones es relevante para ti, eres tú mismo.

Y una vez que sabes la información que necesitas, comienzas a nutrir esa semilla que plantaste en tú cabeza con la información necesaria.

Los sueños en tú cabeza, se nutren con información, nacen a la realidad con la acción y crecen con la disciplina de la constancia.

Todo se consigue

No ha nada que no se pueda lograr, métetelo bien en la cabeza, así como todo se puede aprender, todo lo que necesitas los puedes conseguir.

Si no lo consigues a la primera, debes saber que la acciones son infinita, el problema de mucha gente, que después de fracasar unas cuantas veces se rinden y no lo vuelven a intentar.

Yo intenté escribir mi primer libro en enseñanza básica, para cuando logré publicar mi primera obra en el año 2018, habían pasado 16 años de primer intento de escribir un seudo cuento malísimo, con el tiempo me fui perfeccionando y consiguiendo la información y las herramientas necesarias para Ser el escritor que quería Ser.

Hoy, poseo la habilidad de escribir un capítulo por día, pero en sus principios me demoraba meses.

Siempre me preguntan **¿Cómo lo hago para escribir tantos libros?** Y la verdad es que adquirí la habilidad a través de la disciplina y la regla de 3 tiempos.

Todos los días un capítulo y sin pensarlo y ya está.

Con el tiempo se vuelve inercia del Ser lo hábitos que adquirimos para nosotros mismos.

Al principio no va a ser perfecto, pero la mejor de aprender a hacer algo es haciéndolo y ya.

Data la oportunidad de cometer todos los errores que necesites para lograr la excelencia.

Todo lo que necesitas está ahí afuera, debes aprender a conseguirlo, y la única forma es saber lo que necesitas he ir por aquello que forjara tú realización.

Tú visión siempre será tú guía, ahora debes anotar en tú hoja, lo que necesitas para alcanzar esa visión, estos están divididos en conceptos:

1.   Requerimientos:

Son todas aquellas cosas tangibles he intangibles que necesitas realizar para alcanzar tú visión.

Tendrás que enumerarlas todas las que puedas, podrás ir agregando otras a medidas que vayas creciendo.

2.   Presupuesto:

Son todas las cosas tangibles he intangibles que debes conseguir o financiar para el desarrollo de tú visión cuyo punto de partida, es el capital inicial actual.

2.1.   Capital inicial actual:

Es el total de cosas y dinero con el que cuentas para desarrollar tú visión.

Para desarrollar los requerimientos, solo de enlistar en tú hoja todas las cosas que necesitas para desarrollar tú visión.

Ejemplo:

Si tu visión es Ser Médico

Parte de tus requerimientos serán:

1.   Estudiar medicina.
2.   Conseguir una beca.
3.   Conseguir una residencia.
4.   Financiar la carrera.
5.   Un PC para estudiar.
6.   Tomar cursos a través de internet.
7.   Un vehículo para movilizarme.
8.   Un trabajo seguro.
9.   Los instrumentos para la medicina.

Y así, todas las cosas que necesitas, durante este libro, voy a usar la visión de "Médico" para guiarte en tú propia hoja de ruta, para que así, al final del libro, puedas tender todo lo que necesitas para comenzar a jugar con el mano en tus manos.

Ahora que ya tienes todos tus requerimientos, o al menos, una percepción más menos clara de lo que vas a necesitar, debes realizar el presupuesto.

Este nunca será fijo, porque por experiencia propia, te aviso, que a medida que vayas avanzando, tendrás que agregar otros requerimientos que no habías contemplando, y esto influirá, en tu presupuesto inicial.

Para eso casos, he creado en este programa de Administración para la Vida, períodos de retroalimentación y auto compensación que mas adelante veremos en la estructura de la cartola de hoja de ruta de tú vida.

Comienza por tachar de tú lista todo aquello que ya tienes, como podría ser, un PC, si nos vamos a los requerimientos de la visión de "Médico".

Estos agrégalos en otra hoja, que titularas "Capital inicial actual".

Luego, en otra hoja, física o electrónica, crea tú presupuesto.

Creación del presupuesto

Un presupuesto en la administración general, tiene un concepto, netamente financiero, para este caso, debes contemplar una proyección lo más real posible de tus requerimientos.

Intenta averiguar cuanto te saldrá todo lo que necesitas para lograr tú visión, en caso contrario, como lo puedes conseguir por otro medio.

Traspasa, los números que le asignaste a tus requerimientos, en una tabla, fijándolos en la primera columna.

Titula la primera fila, como **"N° de Requerimiento"**, la segunda fila, como **"Montos"** para agregar datos en la segunda columna y en la tercera fila, **"Acción"**.

De la siguiente manera:

N° de Requerimiento	Monto	Acción
1. Estudiar medicina	$10.000.000	Conseguir beca
2. Conseguir una beca	Sin monto	Postular
3. Conseguir una residencia	$250.000 arriendo mensual	Arrendar, Casa de un familiar o amigo, Residencia universitaria

En el monto, pondrás lo que podrías necesitar para realizar el requerimiento número 1 de tú visión, para este caso observa la tabla respecto a la visión de "Medico".

En este caso, podemos ver como vas estructurando tú plan, este plan es la ruta a seguir, y en este caso, una acción puede responder a varios requerimientos que, a su vez, te permitirán, reducir el presupuesto.

Como puedes ver, el primer requerimiento, es estudiar Medicina, puede reducir el presupuesto del costo de la carrera de $10.000.000 (Valor aproximado en Chile) parcialmente o en su totalidad ejecutando la acción de postular a una beca, que es a su vez, su segundo requerimiento.

Como va a postular a una beca, también podrá hacerlo a todas a las que tenga derecho, y aquí comienza a usar, lo que mencionaba respecto a la información que necesitas.

Para este caso, la única información valida, es la que puede entregar la casa de estudios o el gobierno, toda la demás información disponible, es desinformación y debe ser confirmada antes de tomarlas como un hecho.

Entre las becas, está la beca de residencia universitaria, así que, si ejecuta la acción de postular a estas becas, podría también solucionar su tercer requerimiento, que es conseguir residencia.

De esta manera, su presupuesto inicial 10.250.000 que necesitaba se puede reducir a $0, entonces, estudiar Medicina solo le costaría esfuerzo físico y disposición de tiempo.

Seguramente que, para mantenerse, tendrá que buscar trabajo o postular a otra beca de alimentación, pero así, podrá, ir agregando requerimientos y solucionarlo bajo la tabla de presupuesto.

En caso, de que no se obtenga la beca, o solo parte de ella, tendrá que adquirir lo que se necesita para financiar la carrera.

Por eso esta la tercera columna de "Acción", como ya te disté cuenta, allí pondrás todas las acciones que puedes realizar para financiar el monto de tú tabla presupuesto, o la manera en como puedes conseguir reducirlo a través de la acción

.

Si este "Médico" no consigue residencia, necesitara pagar arriendo, una de las acciones que podría tomar, es arrendar en conjunto con compañeros, y otra podría ser, buscar un trabajo, que también es parte de unos de sus requerimientos.

Sea como sea, tendrá que aprender a administrar su dinero para desarrollar su visión.

Administra tú dinero

Para administrar tú dinero, debes saber cuánto tienes, que cosas tienes que puedes vender y los gastos que debes contemplar.

Todo lo que tienes forma parte de tú capital inicial, incluyendo aquellas cosas que ya no necesitas obtener como la PC, y que tampoco puedes vender, porque la necesitarás.

En nuestro ejemplo, el "Médico", no puede vender su PC porque la necesitará para estudiar, pero supongamos que tiene otras cosas, las cuales pueda vender para aumentar su capital monetario.

Una vez que definas lo que puedes vender, comienza ofreciéndola a amigos cercanos o familiares, por internet y por la feria local de tú comuna.

Registra todos tus ingresos, y comienza por crear el hábito de ahorrar una parte, generalmente se recomienda, el 10% de tus ingresos, pero si lo que necesitas es tener mucho dinero, lo mejor es que lo inviertas.

La regla general es:

Ahorro= Capital= Inversión= Ganancias.

Ahorra lo que puedas, este ahorro se convertirá en tú capital, toma tú capital e inviértelo en algo que puedas revender, vendo lo que compraste más caro de lo que te costó, recupera el capital, vive con la mitad de la ganancia y ahorra la otra mitad y repite el proceso.

No es nada del otro mundo, guíate por tu propio criterio al comprar y no aceptes información o recomendaciones de cualquiera, mira tú entorno, y aprende a vender en el lugar en el que te desenvuelves.

No puedes vender paraguas en verano, al menos que los vendas como sombrillas para el sol.

Capítulo 6

Organización del Yo.

"La organización del Yo, no es más que la estructura que realizará al Ser".

J. Ben. Avil.

Establecido una ruta.

Aquel que no restable su camino, estará condenado a vagar por el valle de la incertidumbre.

Si queremos llevar una vida con propósito, lo mejor es saber cuál es nuestro propósito, hay muchas formas de saberlo, pero lo esencial es saber que nos hace feliz, a través de este fijar una visión que nos sirva de faro para estructurar la ruta de vida, y esta ruta se forja a través de la organización del yo.

Ahora estas jugando tú juego, viviendo tu vida y encaminándola hacia la vida que quieres llevar.

Al tomar control de tú vida, adquiere el hábito de planear todo, esta forma de organizarte es muy utilizada y solo necesitas una agenda donde anotaras lo que lo que tienes que hacer, y los contactos que conocerás en el desarrollo de tú vida.

Se actualmente existen teléfonos móviles y sin fin de apps para este propósito, pero corres el riesgo de estos equipos se reinicien en algún momento y pierdas contactos indispensables, es por esta misma razón, que grandes lideres, siempre llevan en su bolsillo una agenda tradicional.

Ahora que ya tienes tu visión, tus requerimientos y presupuesto establecido, debes comenzar a realizar tú ruta.

Pasos para la fijación de ruta.

Los pasos son los siguientes, Misión, Objetivos generales, Objetivos estratégicos y Metas anclados unos a otro en formato de cascada descendente, desde la Misión, hasta la Meta más pequeña.

Cada uno de estos conceptos te ayudar a dar un paso hacia la realización de tú visión, no te preocupes si entiendes los conceptos, recuerda te guiaré con el ejemplo de la visión "Médico".

Puede parecer complicado, sobre todo si nunca has oído conceptos de administración, pero la verdad se puede explicar de una forma simple.

Cada uno de estos conceptos, comprende la visión en su totalidad, y no son más que, fragmentos divididos de la visión, para desarrollarla en esfuerzos pequeños, que puedes realizar en un tiempo determinado.

Por lo que, en palabras simples, es el paso a paso hacia la visión.

1.   Misión:

Puede ser más que una, según cual se tu visión, respecto a donde te encuentras justo ahora y lo que tienes que hacer para alcanzar tu visión y tienen cada una de ellas, un tiempo determinado fijado generalmente a largo plazo.
Del mismo que juegas cualquier juego, para llegar al final de este, debes tomar misión para realizar el juego, la única diferencia, es que aquí las misiones las tienes que crear tu mismo.

2.   Objetivos generales:

Son propuestas destinadas a la realización de cada misión, por lo cual, cada una de tus misiones, deben contener para ellas, un objetivo general que guie a su realización en un tiempo determinado.

3.   Objetivos específicos:

Son propuestas destinadas a la realización de cada objetivo general, estos pueden ser la cantidad necesaria para la realización y deben fijarse bajo un tiempo determinado a mediano plazo.

## 4.	Metas:

Son propuestas destinadas a la realización de los objetivos específicos y deben ser representadas en un tiempo determinado de corto plazo.

Como puedes ver, cada uno de estos conceptos constituye solo un nivel más debajo de tu visión.

Si la realización de tu visión, es el nivel máximo de tu juego, estas posicionado para dar el paso al nivel mas bajo, que son las metas, a medida que vayas realizando tus metas, iras avanzando un nivel mas arriba hacia los objetivos estratégicos para posteriormente avanzar otro nivel hasta el cumplimiento de tus objetivos general.

El total cumplimiento de tus objetivos generales realiza tus misiones, y la finalización de estas, realizan tú visión.

Esta es la ruta general de juego.

Ejemplo de la visión "Médico":

Supongamos que este joven que desea ser Médico está a 2 años de egresar de la educación media, por lo que tengo 17 años aproximadamente y quiero planificar mi vida.

Si mi visión es ser Médico en 7 años, uno de mis requerimientos será ingresar a la facultad de medicina en 2 años y para hacerlo necesito una cierta cantidad de dinero que cubra la carrera, volviéndose parte de mi presupuesto.

Recuerda que debes listar todo aquello que crees que podría pasar, con el único propósito que la vida no te sorprenda y si lo hace, puedas a través de esta ruta de vida, tener un plan para enfrentarla.

A través de esto, nacen mis misiones y para ejemplo vamos a enumerar dos para que te sirvan como guía:

Visión: Ser médico en 7 años.

Misión n°1: Ingresar a la facultad en 2 años.

Misión n°2: Conseguir el dinero de la carrera en 2 años

De cada una de estas misiones, nacerán muchos objetivos generales para su realización, vamos a dejar 2 por cada misión que hemos creado para el ejemplo:

Visión: Ser médico en 7 años.

Misión n°1: Ingresar a la facultad en 2 años.

Objetivo general n°1: Aprobar la prueba de ingreso a la facultad 1 año.

Objetivo general n°2: en 2 años, matricularme.

Misión n°2: Conseguir el dinero de la carrera en 2 años.

Objetivo general n°1: Conseguir una beca de estudios en 1 año.

Objetivo general n°2: Solicitar un crédito educacional en 2 años.

Por cada objetivo general nacerán objetivos específicos, de los cuales vamos a enumerar solo 2 por el primer objetivo general de la primera misión solo por concepto y a modo de ejemplo:

Visión: Ser médico en 7 años

Misión n°1: Ingresar a la facultad en 2 años.

Objetivo general n°1: Aprobar la prueba de ingreso a la facultad 1 año.

Objetivos especifico n°1: Rendir la prueba de ingreso a la faculta en1 años.

Objetivo específico n°2: Asegurar una buena calificación en 1 año.

Y finalmente, de estos objetivos específicos, nacerán metas para su desarrollo. Vamos a mostrar 2 metas por cada objetivo específico para seguir con el ejemplo:

Visión: Ser médico en 7 años

Misión n°1: Ingresar a la facultad en 2 años.

Objetivo general n°1: Aprobar la prueba de ingreso a la facultad 1 año.

Objetivos especifico n°1: Rendir la prueba de ingreso a la faculta en1 años.

Meta n°1: Inscribirse para rendir la prueba de ingreso en 1 año.

Meta n°2: Mantenerme informado de las fechas disponible en 1 año.

Objetivo específico n°2: Asegurar una buena calificación en 1 año.

Meta n°1: Estudiar todos los días al menos 2 horas por 1 año.

Meta n°2: Solicitar apoyo académico constantemente por un 1 año.

Y así, la ruta del éxito se presentará ante tus ojos, en este caso quedaría de la siguiente manera:

Visión:

    Misión n°1:

        Objetivo general n°1:

            Objetivos especifico n°1:

                Meta n°1:

                Meta n°2:

            Objetivo específico n°2:

                Meta n°1:

                Meta n°2:

        Objetivo general n°2:

    Misión n°2:

        Objetivo general n°1:

            Objetivos especifico n°1:

                Meta n°1:

                Meta n°2:

            Objetivo específico n°2:

                Meta n°1:

                Meta n°2:

        Objetivo general n°2:

Toma el control

Ahora que ya tienes la ruta a seguir, solo debes diseñarla en tú hoja, para que siempre tengas claro que hacer y hacia donde te dirijas.

Esta en ti, tomar el control, solo debes aplicar la regla de 3 tiempos, cuenta hasta y solo hazlo.

Una vez que tengas la ruta hecha, debes estructurarla en el formato que permita ser lo más eficiente posible para su realización.

Capítulo 7

La estructura de la eficiencia.

"La forma más eficiente de actuar, es sabiendo lo que tienes que hacer"

J. Ben. Avil.

Si ya estableciste tu ruta de vida, se te será muy fácil comenzar a ordenar cada concepto, para esto puedes usar cualquier medio que este a tu alcance, aunque yo prefiero el lápiz y el papel.

La primera vez que yo realicé este método, lo hice una cartulina, ya que tenia muchas misiones que para entonces me había asignado.

Esta hoja o cartulina que usaras, la debes poner en un lugar donde puedas verla todos los días.

Es importante que la veas todos los días, porque solo, le recordarás a tu cerebro, la dirección que debe seguir.

Para esto usamos dos tipos de cartolas.

Una general, que determina un mapa conceptual de la cadena de eventos que debes ocurrir para realizar tu visión.

Es muy similar a un organigrama empresarias, por lo que también, al finalizar su realización, comprenderás como realizar el tuyo, en caso de que desees emprender algún negocio.

La diferencia, es que, en el organigrama empresarial, en vez de definirse objetivos, se definen responsabilidades y en los niveles, del organigrama se determinan la posición jerárquica de la línea de mando a diferencia de la cartola aplicada a la vida, donde estos niveles, determinan el progreso de tu visión.

Cabe señalar también, que, al hablar de empresa, también se fijan objetivos y metas, pero estas son a un nivel de general y departamental de las distintas secciones que la constituyen.

Y la segunda cartola de vida, esta diseñada bajo un modelo de carpeta de tareas, del mismo modo que puedes ver una carpeta en un PC para facilitar el entendimiento al usuario.

Cumple la misa función que la cartola y ruta de visa, que son guiarte siempre hacia tú visión.

En ellas pondrás los datos que acabas de escribir en tu hoja de ruta para que las visualices de la siguiente manera.

Cartolas de vida

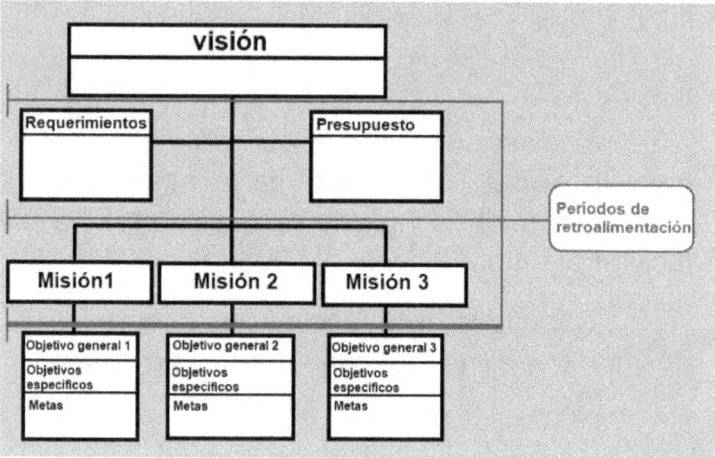

Los períodos de retroalimentación son variables en el tiempo y fijados al desarrollo de tú ruta, los retroalimentaras cuando estimes que debes agregar otra meta, otro objetivo específico, otro objetivo general, otra misión o eliminar una de estas ya cumplida u otra que ya no es necesario realizarla.

Como, por ejemplo:

Si ya disté la prueba de ingreso y con esto fuiste aceptado en alguna universidad, por lo deberás sacar de tus cartolas estas:

Misión n°1: Ingresar a la facultad en 2 años.

Objetivo general n°1: Aprobar la prueba de ingreso a la facultad 1 año.

Objetivo general n°2: en 2 años, matricularme.

O reemplazarlas por estas:

Misión n°1: Aprobar el año académico.

Objetivo general n°1: Aprobar todos los ramos de este año.

Objetivo general n°2: Cumplir con el porcentaje de asistencia requeridos

Y de esta forma ir reemplazando cada uno de los conceptos que contempla la realización de una misión.

El único concepto, que no puedes cambiar, es tú visión, al menos que, decidas que esta ya no será tú visión de vida, para eso, debes comenzar todo de nuevo realizando cada actividad, direccionándola a esa nueva visión.

Nota: En Chile, para aprobar el año académico en cualquier universidad o Centro de

Formación Técnica, se solicitan 2 requisitos mínimos:

1-   Las notas mínimas de cada ramo
2-   El porcentaje de asistencia mínimo en el año.

Para el caso, que estes leyendo este libro y no comprendas porque esos ejemplos

Por otra parte, el periodo auto compensatorio, se fija al termino de cada meta, objetivo específico, objetivo general, misión y visión y es un auto regalo que te das por haber desarrollado cada paso de la ruta, lo que te mantendrá aún más motivado.

Todo esto deberás desarrollarlo en una segunda cartola, de tal manera que quede estructurada de la siguiente manera:

Deberás hacer una de estas por cada misión que te impongas para lograr tus sueños.

Cartola de vida N°2

VISIÓN:	FECHA:

MISIÓN N°1

OBJETIVO GENERAL N°1	FECHA:

OBJETIVO ESPECÍFICO N°1	FECHA:

META N°1
META N°2
META N°3

OBJETIVO ESPECÍFICO N°2	FECHA:

META N°1
META N°2
META N°3

Si te puedes dar cuenta, cada uno de estos pasos tiene el campo de establecer una fecha, debes procurar respetar tus propios tiempos y auto compensarte por el cumplimiento de estos, esto puede ser una comida, un libro por cada meta cumplida, un chocolate, cualquier cosa y así, hasta agrandar esta compensación de forma decreciente a medida que avanzas, puedes fijarlas también dentro de la misma cartola.

Ejemplo:

Al cumplir esta meta, me regalaré un chocolate.

Al cumplir este objetivo específico, me regalaré un libro.

Al cumplir este objetivo general, me regalaré una cena fuera de casa para celebrar.

Al cumplir esta misión, me regalaré unas mini vacaciones de fin de semana en la playa.

Y de estas mismas compensaciones personales, nace una nueva misión, que es la de financiar mis regalos por mi éxito. Esta misión termina siendo un fondo de ahorros, por lo que debes ahorras lo que necesitas y disciplinarte, a que, aunque hayas cumplido con ahorro, no darte esos regalos hasta cumplir cada uno de tus pasos, de otro modo, no tendrá ningún sentido ni para ti, ni para tu cerebro.

Cada uno de estos pasos te llevaran a lo que llaman la cumbre del éxito. Que no es más el logro de tú visión

La cumbre del éxito.

¿Qué es el éxito?

Todo el mundo quiere ser exitoso verdad, constantemente te dicen que es ser exitoso y que deberías hacer para ser exitoso y todo relacionado a un montón de dinero que muestra lo feliz que podrías llegar a hacer que seas tú que lo posea, pero, **¿Qué es realmente el éxito?**

El problema es que te venden un sueño impuesto creado por sistema consumista, ellos quieren que tú tengas dinero para luego ofrecerte algo que comprar.

Es triste ver, como muchas personas que buscan el "éxito" no tienen tiempo para vivir su éxito, y peor aún, cuando lo obtienen, estas ni siquiera son felices.

En mi vida, he escuchado más de una vez la frase:

"Tengo de todo, pero no soy feliz".

Es que el éxito real, no tiene nada que ver con Ser millonario, pregúntale a un montón de ricos tristes si es común que se sientan solos en el día a día.

Esa es la mentira del mundo externo, hacerte creer que el éxito es volverte millonario.

El éxito es la felicidad producida por realización de una acción predeterminada al crecimiento del Ser.

El mayor éxito que debes buscar en la vida es Ser feliz, y solo podrás ser feliz si haces todos los días, lo que te hace realmente feliz.

No permitas que el dinero te quite la alegría, deberías obtener dinero siendo feliz para que este magnifique tu felicidad y no te la consuma.

Tu mayor reto en la vida será buscar aquello que te hace feliz, dedicarle todo el tiempo que merece para poder volverte excelente en lo que haces para que, como consecuencia de tu realización, serás feliz volviéndote el millonario que deseas Ser.

El dinero no es el problema, el problema es lo que haces para obtenerlo.

El éxito viene de la realización de lo que uno realmente quiere Ser, de la realización de metas, de objetivos y de misión para alcanzar tu máxima visión de tu vida.

Define ahora en este momento, que el éxito para ti, es la máxima realización de tu vida, de tú visión.

Tu visión es tu éxito, ser millonario a través de la excelencia en la realización de tu visión es tu éxito financiero.

Convertirte en un millonario feliz es tu éxito, de nada te servirá el dinero si sufres teniéndolo, del mismo modo, de nada te servirá la vida si vives para realizar las visiones de otros.

Para esto hay una cumbre que alcanzar hacia tu visón, y como toda cumbre no será fácil alcanzarla y pasarán muchas cosas en el camino, algunas serán difíciles de asimilar y otras, a medida que vayas subiendo la cumbre, te darás cuenta que ya las esperabas por tu propia intuición.

Pero si puedes atravesar por todas las cosas que te esperan, podrás alcanzar la cumbre del éxito.

Lo más importante que debes saber es que la cumbre del éxito es hacia arriba, y el camino más corto es la línea recta.

Mientras te mantengas concentrado en ti, no habrá nada que te desvíe de tu destino, la gente suele desconcentrarse rápidamente y muchos prefieren que los mantengan ocupados viendo TV, jugando en celular, bebiendo con los "amigos", etc. Hay muchas formas de perder la línea. Por eso debes siempre seguir la línea y esta solo la podrás seguir si ya tienes tu línea trazada ya que, a partir de ahí, sabrás cuales son las actividades que te mantendrás en camino hacia tú cumbre y cuáles son las te terminaran alejando por completo.

Para eso es, la cartola de la vida, para que conozcas la ruta y no des pasos a ciegas.

La siguiente imagen muestra la ruta que debes seguir y la línea hacia la cumbre.

Hacia la cumbre, a través de tú ruta

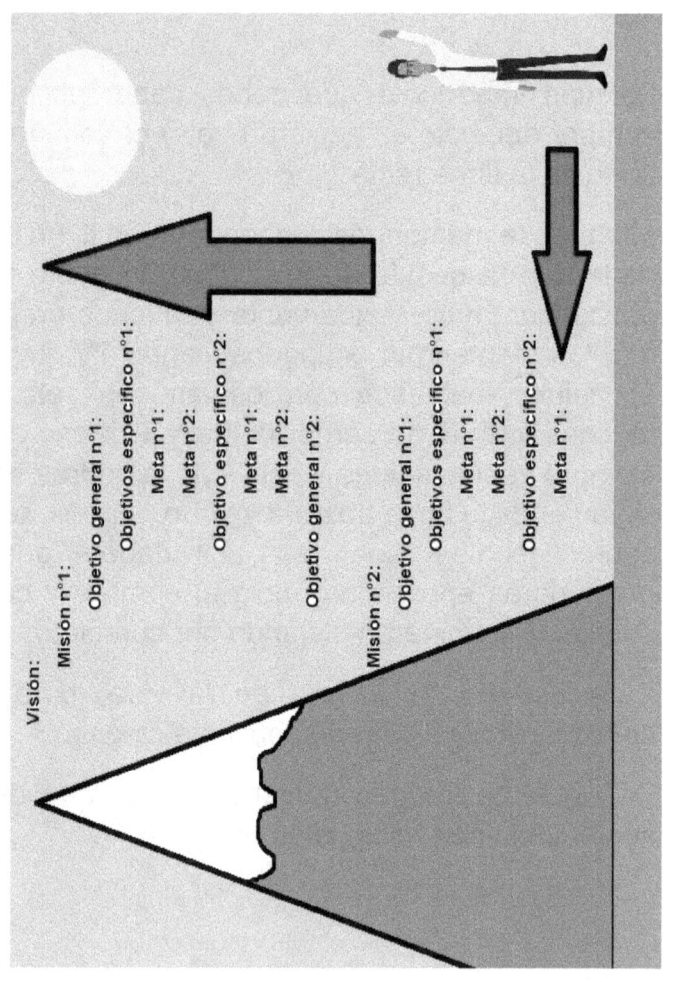

Capítulo 8

Tomando misiones.

"Si logras ver la vida como un reto permanente, constantemente te estarás desafiando a ti mismo".

J. Ben. Avil.

Vive bajo la iniciativa.

Cuando era niño, el primero juego que jugué en las maquinitas, allí donde todos los fanáticos gamers se reunían para ese entonces, ya que no era como ahora, donde todo el mundo tiene una consola en su casa, sino que tenías ir a un centro donde comprabas fichas para jugar un par de minutos mientras y todos tus compañeros eran espectadores de tus jugadas y te decían que hacer. Fue el Metal Slug.

Allí me di cuenta que la vida era un juego, en el videojuego, ese jugador tomaba una misión, y a medida que avanzaba "él viejo hippie", que nunca supe como se llamaba, era el que entregaba los recursos más valiosos al jugador, a pesar de que el entorno del juego se podía obtener puntos y dinero para canjear en el juego.

Mientras jugaba, todos mis amigos de esa época, siempre me decían que hacer, como debía hacerlo y cuando todo salía mal, solo se burlaban de mí y decían:

-     Te lo dije.
-     Por qué no me hiciste caso.
-     Yo sabía.

Y ahí comprendí que la vida misma no es diferente.

Si tú eres el jugador de tú vida, a medidas que avanzas lograras obtener los recursos que se necesitan; mientras que, por otra parte, puedes ver en la calle, muchas personas ("Los viejos hippies") que trabajaron toda su vida para darle a alguien que tomo su misión, el recurso más valioso, su tiempo.

Mientras tomes una misión, o desarrolles un plan de negocio, todo el mundo te dirá que hacer, como hacerlo y un montón de tonterías que ellos no hacen porque no se atreven.

Y es justo por eso, que no debes hacer caso a esos consejos, pero siempre estarán allí. Mientras que, del mismo modo, si fallas o te equivocas en algo, te dirán que ya te lo habían advertido, y que siempre tuvieron razón.

Lo único diferente, es que tú decides si te conviertes en él jugador, o en él viejo hippie y donde pones tus fichas.

Solo toma una misión de tu juego, vive bajo la iniciativa constante de realizar las acciones que sean necesarias para llegar a donde quieras llegar y comienza a jugar hasta que te digas a ti mismo:

MISSION COMPLETE!

Predetermínate a la acción permanente.

Una vez ellas, terminado tu primera misión, continua con la siguiente, el juego no se termina hasta completar tú visión, esa es tú:

FINAL MISSION COMPLETE!

Solo allí acabará tu juego, y como sabes, puedes terminar el juego con un montón de puntos y dinero o sin nada, pero tendrás la satisfacción de haber jugado y llegado hasta el final.

Si lo ves desde la vida, no es diferente a no jugar, si no juegas tienes el mismo riesgo de llegar si nada al final que si hubieses jugado, la diferencia es que, jugando, puedes al menos tener la posibilidad de ganar y poseer aquello que deseas si juegas bien, en cabio del modo no jugador, estas acondicionado a lo que te diga el jugador, que sería tú jefe.

Ese que siempre esta activo, es aquel que se reprograma a la acción que se necesita para ser jugador.

No puedes jugar en modo de suspensión, debes actuar.

Puedes leer un montón de libros de autoayuda, de como generar riquezas y puedes releer este libro mil veces, pero si no haces nada por cambiar tú realidad atreves de acción, adivina que... absolutamente nada pasará.

Una vez que hayas dominado la regla de tres tiempos, y comenzado a vivir bajo la iniciativa, automáticamente, desarrollaras la predeterminación a la acción permanente y a partir de ahí, podrás fácilmente reprogramarte a tú destino.

Reprográmate a tú destino.

Reprogramarte no es más que decidir hacer lo que tienes que hacer para dirigirte hacia donde quieres estar durante el tiempo que se necesario para que cada acción que ejecutes la realices por la propia inercia del ente subconsciente.

Recuerda que la vida, es un juego de estrategia si lo juegas de jugador, si eres jugador jugando en suspensión el juego es un juego rol, donde se te dan puntos por cumplir tu horario de trabajo.

Muchos cometen el error de jugar como jugador realizando un juego de rol, para un jugador no es importante los puntos acumulados, lo importante es ganar el juego a través de las estrategias que al final te recompensará.

Un jugador de rol, obtiene puntos, a veces más que el jugador, pero estos mismo se los gasta ejerciendo su propio rol y debe seguir cumpliendo su rol para obtener más puntos.

Los inversionistas toman sus puntos, y los invierten para generar más puntos en su juego de estrategia.

Dentro este juego hay una trampa en la que muchos caen, muchos jugadores creen que por abrir un negocio ya son jugadores, pero al tiempo, terminan jugando el rol de emprendedor y su empresa no funciona sin ellos y así, se vuelven esclavos de su propio juego, ósea, jugadores en suspensión.

Es un buen prisionero aquel que solo cambia de lado sus cadenas, y esto pasa precisamente porque juegan atreves de un rol para ganar puntos, en vez de generar una estrategia que les generen puntos sin la necesidad de poseer una cadena y que su rol sea jugar el juego en general.

Lo que te quiero decir, es que no te obsesiones con los puntos, o con el dinero, mejor vuélvete un excelente jugar y alguien pagará para que juegues para él o puedas desarrollar tu propio juego, así no dependes de un solo rol.

Un Médico, como nuestro ejemplo anterior, puede tener varios roles desde su juego de Ser Médico.

Puede ser Médico bajo contrato en una clínica.

Puede al mismo tiempo ofrecer consultas independientes a su rol.

Puede ejercer el rol de otorgar clases de medicina en una universidad.

Puede a su vez, otorgar clases particular.

Y, además, puede invertir sus puntos ganados en el mercado de valores.

O también, puede abrir su propia clínica.

Puede tener todos esos roles y todo comenzó si ningún punto y nunca pensó en obtener puntos como objetivo o visión principal, su visión era ser Médico, dese ahí comenzó a generar puntos y la correcta administración de estos le otorgo más puntos y así sucesivamente.

Del mismo modo que otro Médico se volvió Médico, pero esta vez, esta lleno de deudas y trabaja para este primer Médico.

¿Por qué?

Porque no importa los puntos que obtengas o tienes, lo que importa es lo que haces con ellos.

Hay dicho bien dicho que dice así:

"Dale toda la riqueza de los ricos a los pobres haciendo pobres a los ricos y verás que, en cinco años, los ricos vuelven a ser ricos y los pobres vuelve a ser pobres".

No son los puntos, es el jugador y como este juega su juego y como todo juego, debes saber las reglas de este.

Reglas del juego

Las reglas, lo primero es vivir con la bondad que Dios sembró en el corazón de todos los seres este planeta, que unos la haya cultivado y otros no, es otro tema que puedes encontrar en mi libro titulado "El Gran Espíritu Divino" el cual es una guía par el Ser, más que un libro que pretenda llevarte a alguna religión; de hecho, yo no creo en las religiones, creo en Dios y como este vive a través de nosotros.

Yo amo la liberta y jamás me arrodillaré ante un hombre que es igual a mí en condición humana, y es por esta misma razón que cuido de la obediencia de la ley y reglas del juego.

La regla fundamental, es la regla correspondencia, o causa y efecto o Karma o como se llamé.

Pero la base es que recibes aquello que haces, si imprimir un curriculum y sales a buscar trabajo, lo mas probable es que consigas eventualmente un trabajo, si no lo haces, nadie ira a contratarte a tu casa, si haces mal en el mundo, seguramente algo malo te pasará, si rompes las reglas del juego, el juego se acaba.

No es nada del otro mundo, somos seres humanos y somos regidos por la ley, yo no hago nada para romper la ley porque amo mi libertad, y como sabes en este juego, te pueden encerrar.

Muchas personas que solo buscan ganar punto, intentan tergiversar estas reglas interpretándolas a su favor, buscándole la coma, el punto o esa muletilla a la ley escrita para abusar de ella, pero el hecho que se pueda, no significa que puedes hacerlo.

Juega bien, al fin lo que importa es tu Ser, lo que das, lo que eres y no lo que puedes obtener o recibir.

Estas mismas personas ni siquiera alcanzan a terminar su juego y lo pierden todo, solo preocúpate de tu juego, vive y tranquilo y procura hacer el bien en esta vida pasajera porque es la única forma de ser verdaderamente feliz.

Nadie que haga mal en este mundo es feliz, nombre a uno que lo sea, porque, aunque no te hayas dando cuenta, ni el propio diablo es feliz haciendo el mal.

Capítulo 9

De los períodos de retroalimentación y auto compensación.

"La capacidad analizarse así mismo, es la habilidad de dirigir la vida desde el interior".

J. Ben. Avil.

El plan B, C y D

Piensa siempre más allá de lo evidente. Cuando creas tus planes, todas tus metas, objetivos estratégicos, objetivos generales y misiones.

Son establecidos como plan A, pero… y si no sale o no lo puedes hacer como habías planeado.

¿Qué harás?

Espero que te frustres y dejes todo, la mayoría de las personas que intentan ser jugadores fracasa por no tienen un plan B, C ni D.

La mayoría simplemente se rinde, y luego les dicen a otros que es difícil para que ellos no lo intenten, pero sabes que, no es difícil, es solo que aún no aprendes a hacerlo.

Recuerdas cuando aprendiste a hablar en bicicleta, también era difícil, para ese entonces hasta que se hizo fácil cuando al fin lograste controlar la habilidad.

Así es como funciones todo, no vas con un resultado favorable, solo tomas el volante, te agarras y esperas lo mejor.

Cuando logres controlar los aspectos necesarios, se hará más fácil.

Pero solo para ti, seguirá siendo difícil para el resto.

Porque la vida no se hace más fácil, la gente se sobrepone ante los obstáculos y los sobrepasa.

No es lo mismo ver un muro desde abajo que desde arriba, eres tú quien debe decidir desde vas a mirar ese muro.

Los que dicen que es difícil, es porque no fueron capaces de escalarlo, los que dicen que se puede, saben que al principio es difícil, pero se llega a la cumbre cuando persistes en lo que quieres.

Y cuando el plan A no funciona, llega hasta la Z, si es necesario, sino resulta aún, inventa nuevas letras sigue adelante.

Para eso es el periodo de retroalimentación, para reescribir todo después de tener la primera experiencia, si una meta no funciona, la reescribes hasta que funcione y cuando funcione, te premias usando tu periodo de auto compensación para que motives a tu cerebro a seguir por la siguiente.

Analiza los distintos factores de tu alrededor, su observancia será mucha ayuda a la hora de retroalimentar tu ruta hacia tú existo.

Yo en mi ruta, he logrado determinar dos tipos de factores, y estos a su vez, cuentan con sub factores que deben ser analizados con el cuidado que se merecen, ya que, desde ellos, nacerá tu fracaso, o tus oportunidades.

Estos factores también puedes aplicarlo a cualquier negocio que decidas crear en tu ruta.

Factores determinantes de rendimiento

Son todas aquellas cosas o acciones que pueden impulsar tu ruta, ya sea otorgándote una mayor capacidad financiera o contactos varios que puedas servir de apoyo a la realización de tu visión.

Estas las debes listar, para luego reducirlas en el cuadrante sub factores que más adelante te mostrare.

Para que te guíes atreves de un ejemplo, vamos a listar 6 factores determinantes de rendimiento para nuestro caso de ejemplo que veníamos trabajando de la visión Médico:

1.Excelecia academia.

2.Posibilidad de becas.

3.Tiempo libre para estudio.

4.Tengo familiares en la ciudad donde voy a estudiar.

5.Tengo ahorros para un año.

6.Se lo que quiero.

Factores determinantes de limitación

Es totalmente lo opuesto a los factores determinante de rendimiento, estos te amenazas con la no realización de tu visión, pero también es verdad, que los puedes contralar o mitigar lo suficiente para que te afecten en nada.

Del mismo modo, vamos a enumerar 6 factores determinantes de limitación, considerando que ya tenemos nuestros factores de rendimientos del ejemplo anterior; para nuestro ejemplo de limitación:

1.   Mis ahorros solo me alcanzan para un año.
2.   Podría buscar trabajo, pero este me quitaría tiempo para el estudio.
3.   No conozco la ciudad donde voy a estudiar
4.   No tengo todo el dinero para estudiar Medicina.

5.   La carrera dura 6 años o más.

Una vez que ya tengas anotados todos los factores, te darás cuenta, que muchos de estos, no están bajo tu control y otro sí.

Es por esto que nace los sub factores, que las Fortalezas, Oportunidades, Debilidades y Amenazas de tú factores.

Estos se encuadran en el **cuadrante F.O.D.A.**

Dividiendo tus factores según su clasificación, en cualquier empresa donde vayas, te preguntarán por este mismo análisis, por lo que resulta bastante útil para todos los aspectos de la vida.

Fortalezas

Son todas las cosas internas, ya sea de ti como persona o tu empresa, y lo sabrás porque eres tú quien lo puede controlar porque las posees de ante mano.

Como por ejemplo según nuestros factores:

1. Excelencia académica.

2. Sabes lo que quieres.

3. Tienes ahorro para un año.

4. Tiempo libre para estudiar.

Oportunidades

Son todas aquellas cosas externas a ti como persona o tu empres y que puedes aprovechar para la realización de tu visión.

Como por ejemplo según nuestros factores:

1. Posibilidad de becas.
2. Tengo familiares en el lugar donde voy a estudiar.

Debilidades

Son todas aquellas cosas internas a ti como persona o empresa, que debes mejorar para alcanzar tu visión.

Como por ejemplo según nuestros factores:

1.	Mis ahorros solo me alcanzan para un año.
2.	Podría buscar trabajo, pero este me quitaría tiempo para el estudio.
3.	No conozco la ciudad donde voy a estudiar

Amenazas

Son todas aquellas cosas que son una amenaza externa a ti como persona o empresa, y tienen la cualidad de que pueden impedir el logro total de tú visión.

Como por ejemplo según nuestros factores:

1.	No tengo todo el dinero para estudiar Medicina.
2.	La carrera dura 6 años o más.

Encuadra tus factores con este mismo análisis, para trabajar en la resolución de cada uno de ellos.

Pregúntate a ti mismo

Para reconocer tus factores determinantes. Lo único que debes hacer es preguntarte sinceramente a ti mismo cada uno de estos aspectos que componen el cuadrante F.O.D.A.

Más importante quizás, es reconocer tus Amenazas para poder mitigar, a través de algún plan A, B, C o D la relevancia de estas.

Al final de tu análisis deberías tener la siguiente tabla:

Cuadrante F.O.D.A.

Fortalezas	Oportunidades
Aquí va tu lista de Fortalezas	Aquí va tu lista de Oportunidades
Debilidades	Amenazas
Aquí va tu lista de Debilidades	Aquí va tu lista de Amenazas

Capítulo 10

El gran propósito de la vida.

"Encuentra en tú interior aquellos que amas, y hazlo el gran propósito de tu vida. La felicidad vendrá de la realización de este y el éxito llegará como consecuencia de su desarrollo".

J. Ben. Avil.

Este es la eterna pregunta que siempre me han hecho cada vez que doy una charla

¿Cuál es el propósito de la vida?

Y la verdad, es que este tema da para un libro completo, pero como este sujeto a los principios del propósito de este, haré un breve resumen de lo será un libro futuro sobre este tema.

Respuesta siempre ha estado en la misma pregunta, pero al revés.

¿La vida de el propósito cuál es?

¿El propósito tiene vida?, si no hay una razón de una existencia, entonces no tiene vida, no hay nada en el mundo que exista porque si, todo tiene un propósito, lo comprendamos o no es otra cosa.

Entonces, si todo tiene un propósito, la vida sin este, ¿no existe?

No necesariamente, es solo que aún se haya, entonces el propósito de la vida, es encontrar un propósito para tu existencia, y través de la realización de ese propósito, existir.

La gente que ha tenido un gran éxito en su vida, lo ha hecho porque ha encontrado su propósito, a comenzado su juego a través de la realización de este propósito.

Has lo que amas, aquello que te llena el alma, eso que te hace feliz, pero busca en tú interior aquello que no está siendo influenciado por el mundo externo.

Busca meditar en algún tranquilo para que te puedas escuchar, y encontraras esa trascendencia humana que hace humanos y felices.

Y es que en la contemplación de tú felicidad, como muchos más se han dado cuenta, que las únicas veces que veces que fueron felices en la sociedad, fue cuando ayudaban a otros.

Porque el Gran Espiritu Divino que habita dentro de nosotros, que vive su existencia atreves de nosotros, nos creo para servimos unos a otros.

Por esa razón somos seres sociales, que construimos organizaciones, empresas, países, estados, religiones, para unirnos y servirnos unos a otros.

Todos los grandes millonarios, han hecho de la servidumbre su estilo de vida, si lo analizas bien, cada uno sirve a un propósito determinado.

Encuentra para que puedes servir a la humanidad y estarás viendo hacia el futuro que quieres vivir, encontrarás tú propósito de vida y con este, la posición en la que lo realizaras y esa es la clave de todo éxito.

Cuando tengas la clave, comenzarás a sembrar las semillas correctas.

Buena suerte.

El Autor

También conocido por su seudónimo J. Ben. Avil, nació el año 1990 en Cañete, VIII Región del Bio-Bío, Chile.

Autor de dos trilogías tituladas "Yo, Azrael" y "Juan, Soldado de Dios" escritas durante sus primeros pasos como Escritor. Ambas novelas negras de narrativas fantásticas, publicadas entre los años, 2018 y 2019, cuyos derechos de propiedad intelectuales fueron vendidas durante el año 2021.

Estudió Administración Pública, Ingeniería en Ejecución en Administración de Empresas, Desarrollo de Aplicaciones Full Stack y Hacking Ético.

Actualmente, J. Ben. Avil. se desempeña entregando Soluciones Integrales para Empresas, a través de su propia Empresa de Servicios Constituida en Chile bajo su propio seudónimo.

Como todo Escrito, lleva su Oficio como una pasión personal por las letras y la literatura, dejando obras fundamentales para los lectores de alto valor.

Durante los años 2020-2023 publica las obras tituladas:

- Administración para la vida.
- El Gran Propósito de la vida.
- Él Gran Espíritu Divino.
- Poemas para la Tierra.

En su primer poemario titulado "Poemas para la Tierra", hace una recopilación de sus poemas para la tierra, escritos durante el período de los años 2020 – 2023. El poema titulado «Tierra» fue premiado durante el proyecto «Confluencia» que inspiró la creación de una ruta de murales en la Región Metropolitana, organizado por la galería de arte Metro 21 y el Gobierno Regional Metropolitano. Metro 21, Santiago, RM, Chile.

Una de sus mayores fortalezas es su capacidad de desarrollo creativo de sus ideas, y su implementación en los distintos aspectos de su vida.

Con el fin de Independencia y Autonomía, abrió su propio estudio Independiente para la publicación de obras. Haciendo un pequeño aporte a la cultura universal a través su empresa JBENAVIL ESTUDIO SpA.